BEI GRIN MACHT SICH IHR
WISSEN BEZAHLT

Bibliografische Information der Deutschen Nationalbibliothek:

Die Deutsche Bibliothek verzeichnet diese Publikation in der Deutschen National-
bibliografie; detaillierte bibliografische Daten sind im Internet über http://dnb.d-
nb.de/ abrufbar.

Impressum:

Copyright © 2017 GRIN Verlag
Druck und Bindung: Books on Demand GmbH, Norderstedt Germany
ISBN: 9783346153043

Dieses Buch bei GRIN:

https://www.grin.com/document/538897

Sophia Dees

IFRS 15. Erlöse aus Verträgen mit Kunden

GRIN Verlag

GRIN - Your knowledge has value

Der GRIN Verlag publiziert seit 1998 wissenschaftliche Arbeiten von Studenten, Hochschullehrern und anderen Akademikern als eBook und gedrucktes Buch. Die Verlagswebsite www.grin.com ist die ideale Plattform zur Veröffentlichung von Hausarbeiten, Abschlussarbeiten, wissenschaftlichen Aufsätzen, Dissertationen und Fachbüchern.

Besuchen Sie uns im Internet:

http://www.grin.com/

http://www.facebook.com/grincom

http://www.twitter.com/grin_com

IFRS 15 – Erlöse aus Verträgen mit Kunden

Inhaltsverzeichnis

Tabellenverzeichnis

Abkürzungsverzeichnis

EVP	Einzelveräußerungspreis
IAS	International Accounting Standards
IASB	International Accounting Standards Board
IFRIC	International Financial Reporting Interpretations Committee
IFRS	International Financial Reporting Standards

1. Einleitung

„IFRS 15 kostet uns Millionen."[1] So lautet das Statement der Deutschen Telekom hinsichtlich der Einführung und Umsetzung des International Financial Reporting Standard (IFRS) 15 *Erlöse aus Verträgen mit Kunden*. Grund dafür sei der enorme Aufwand, den die Veränderung mit sich bringt, von der insbesondere Branchen wie die Telekommunikation oder Softwareentwicklung betroffen sind, da die Änderungen hauptsächlich Mehrkomponenten-Geschäfte betreffen.

Nicht nur einen hohen Aufwand, sondern auch hohe Kosten seien ein Problem: „Insgesamt wird uns die Umsetzung des neuen Standards einen zweistelligen Millionenbetrag kosten"[2] befürchtet die Telekom.

Dabei verfolgt IFRS 15 ganz andere Ziele: „IFRS 15 sollte eigentlich Klarheit und Vergleichbarkeit schaffen, denn der Standard definiert detailliert, ab wann ein Umsatz als realisiert gilt"[3] erklärt der Wirtschaftsprüfer Uwe Harr.

Es wird deutlich, dass die Meinungen hinsichtlich dieses Standards weit auseinandergehen und die Buchhaltung spaltet. Grund für diese Debatte ist die Tatsache, dass IFRS 15 die Bilanzierung maßgeblich verändert, da der Umsatz, eine der bedeutendsten Kennziffern, von den Veränderungen betroffen ist.[4]

Die vorliegende Ausarbeitung befasst sich zunächst mit dem theoretischen Inhalt von IFRS 15 *Erlöse aus Verträgen mit Kunden*. Dabei werden die Ziele und der Anwendungsbereich des Standards, das fünfstufige Rahmenmodell zur Umsatzrealisation sowie Vertragskosten dargestellt. Weiter wird erläutert, wie ein Unternehmen Erlöse aus Verträgen mit Kunden in der Bilanz auszuweisen hat und welche Angabevorschriften es bei der Anwendung von IFRS 15 in der Praxis zu erfüllen hat.

Anschließend wird an anschaulichen Praxisbeispielen dargestellt, wie die Anwendung des Standards in der Realität aussehen kann. Diese aufgeführten Beispiele sollen zum tieferen Verständnis des Standards beitragen und die Theorie mit der Praxis verbinden.

---

[1] http://www.finance-magazin.de/bilanzierung-controlling/bilanzierung/deutsche-telekom-ifrs-15-kostet-uns-millionen-1307781/ (abgerufen am 26.06.2017).
[2] Ebenda.
[3] Ebenda.
[4] Vgl. ebenda.

2. Entstehung und Ziele des Standards

Im Juni 2002 wurde das Projekt vom International Accounting Standards Board (IASB) in dessen Arbeitsprogramm aufgenommen. Es folgte die Veröffentlichung von Diskussionspapieren und Standardentwürfen. Im Mai 2014 wurde IFRS 15 *Erlöse aus Verträgen mit Kunden* vom IASB veröffentlicht und der 1. Januar 2017 als Zeitpunkt des Inkrafttretens festgesetzt. Im September 2015 wurde der Termin auf den 1. Januar 2018 verschoben und im April 2016 gab der IASB eine Klarstellung zu dem Standard heraus.[5]

Hinsichtlich des Zeitpunkts des Inkrafttretens ist anzumerken, dass eine frühere Anwendung zulässig ist, dies jedoch im Abschluss angegeben werden muss.[6] Die erstmalige Anwendung hat entweder auf den Beginn einer Berichtsperiode zu fallen oder der Standard muss rückwirkend auf die gesamte Periode angewendet werden.[7]

IFRS 15 verfolgt das Ziel Regelungen zu schaffen, nach denen ein Unternehmen die Art, die Höhe, den Zeitpunkt sowie die Unsicherheit bezüglich der Umsatzerlöse und Zahlungsströme, die aus einem Vertrag mit einem Kunden resultieren, zu erfassen hat, um Abschlussadressaten ausreichend Informationen zur Verfügung zu stellen.[8]

Das Kernprinzip von IFRS 15 besagt, dass ein Unternehmen Erlöse aus einem Vertrag in der Höhe zu erfassen hat, in der es eine Gegenleistung für die Übertragung von Gütern oder Dienstleistungen erwartet.[9] Aus praktischen Gründen muss ein Unternehmen den Standard einheitlich anwenden auf Verträge, die ähnlich ausgestaltet sind sowie bei Umständen, die sich ähneln. Dabei müssen jegliche vertraglichen Bestimmungen und alle entscheidenden Fakten und Umstände berücksichtigt werden.[10] Darüber hinaus kann ein Unternehmen IFRS 15 auch auf ein Portfolio anwenden, welches sich aus Verträgen zusammensetzt, die ähnlich ausgestaltet sind, vorausgesetzt dies wirkt sich nicht wesentlich auf den Abschluss aus.[11]

---

[5] Vgl. https://www.iasplus.com/de/standards/ifrs/ifrs15 (abgerufen am 26.06.2017).
[6] Vgl. IFRS 15.C1.
[7] Vgl. IFRS 15.C2.
[8] Vgl. IFRS 15.1.
[9] Vgl. IFRS 15.2.
[10] Vgl. IFRS 15.3.
[11] Vgl. IFRS 15.4.

Folgende Standards werden aufgehoben und von IFRS 15 ersetzt: International Accounting Standards (IAS) 11 *Fertigungsaufträge*, IAS 18 *Umsatzerlöse*, International Financial Reporting Interpretations Committee (IFRIC) 13 *Kundenbindungsprogramme*, IFRIC 15 *Verträge über die Errichtung von Immobilien*, IFRIC 18 *Übertragung von Vermögenswerten durch einen Kunden* sowie SIC-31 *Umsatzerlöse – Tausch von Werbedienstleistungen.*[12]

3. Anwendungsbereich

IFRS 15 ist anzuwenden auf alle Verträge, die ein Unternehmen mit Kunden geschlossen hat. Ausgeschlossen von der Anwendung sind Leasingverträge, Versicherungsverträge und Finanzinstrumente, da diese in andere Standards fallen sowie Tauschgeschäfte nicht-finanzieller Art zwischen Unternehmen der gleichen Branche.[13] IFRS 15 ist ausschließlich auf Verträge anzuwenden, deren Vertragspartei ein Kunde ist. Demzufolge besteht ein Vertrag, wenn vereinbart ist, dass ein Kunde, für die Erbringung einer Gegenleistung, Waren oder Dienstleistung aus der laufenden Geschäftstätigkeit eines Unternehmens erhält.[14]

Es gibt Verträge, die zum Teil in den Anwendungsbereich von IFRS 15 fallen und zum Teil in einen anderen Standard. Enthält dieser andere Standard Regelungen zur Trennung oder Erstbewertung von einem oder mehreren Teilen des Vertrags, sind diese zu befolgen. Gibt es diesbezüglich keine Vorgaben, ist IFRS 15 anzuwenden.[15]

Außerdem regelt der Standard, wie zusätzliche Kosten, welche einem Unternehmen durch Anbahnung beziehungsweise Erfüllung eines Kundenvertrages entstehen, bilanziert werden.[16]

---

[12] Vgl. IFRS 15, Verordnung.
[13] Vgl. IFRS 15.5.
[14] Vgl. IFRS 15.6.
[15] Vgl. IFRS 15.7.
[16] Vgl. IFRS 15.8.

4. Das fünfstufige Rahmenmodell

Die folgende Abbildung zeigt die fünf Stufen des Rahmenmodells und gibt einen kurzen ersten Überblick über die wesentlichen Bestandteile.

Stufen	Was passiert?
1. Identifizierung des Vertrages	Vertrag wird auf Rechtsgültigkeit geprüft
2. Identifizierung eigenständiger Leistungsverpflichtungen	Pflichten werden identifiziert und Vertrag wird auf einzelne Teilleistungen geprüft
3. Bestimmung des Transaktionspreises	Bestimmung der Gegenleistung
4. Aufteilung des Transaktionspreises auf die Leistungsverpflichtungen	bestehen einzelne Teilleistungen, wird der Gesamtpreis auf diese verteilt
5. Erlöserfassung bei Erfüllung der Leistungsverpflichtungen	Erträge entstehen abhängig von den Leistungen (zeitpunkt-oder zeitraumbezogen)

Tabelle 1: Die 5 Stufen des Rahmenmodells[17]

Im weiteren Verlauf sollen die wesentlichen Inhalte jeder einzelnen Stufe erläutert werden.

Stufe 1: Die Identifizierung des Vertrags

Die folgenden fünf Kriterien müssen erfüllt sein, damit ein Unternehmen einen Kundenvertrag, der unter IFRS 15 fällt, in der Bilanz erfassen darf.

1. alle Vertragsparteien stimmen dem Vertrag zu,
2. die Rechte aller Vertragsparteien bezüglich der Waren oder Dienstleistungen sind feststellbar,
3. die Zahlungsbedingungen der zu übertragenden Waren oder Dienstleistungen sind identifizierbar,
4. der Vertrag ist von wirtschaftlicher Substanz
5. und die Wahrscheinlichkeit, dass das Unternehmen die Gegenleistung für die Übertragung der Güter oder Dienstleistungen erhalten wird ist hoch.[18]

---

[17] Quelle: Eigene Darstellung.
[18] Vgl. IFRS 15.9.

Ein Vertrag ist definiert, als eine schriftliche, mündliche oder durch die bestimmten Gepflogenheiten eines Unternehmens bestimmte Vereinbarung, die zwischen zwei Parteien oder mehreren getroffen wurde.[19] Verträge können unterschiedlicher Natur sein. So gibt es beispielsweise Verträge ohne eine feste Laufzeit, die zu jeder Zeit geändert oder gekündigt werden können oder Verträge, die sich automatisch verlängern. IFRS 15 ist anzuwenden über den gesamten Vertragszeitraum, das heißt in dem Zeitraum, in dem die Vertragsparteien über Rechte und Pflichten verfügen. Gibt es Hinweise auf bedeutende Veränderung der Umstände, muss erneut beurteilt werden, ob die Kriterien aus Paragraph 9 erfüllt sind. Ändert sich zum Beispiel die Zahlungsfähigkeit eines Kunden, muss ein Unternehmen prüfen, ob die Wahrscheinlichkeit besteht, die ihm zustehende Gegenleistung zu erhalten. Falls ein Vertrag die fünf obig genannten Voraussetzungen nicht erfüllt, hat das Unternehmen ihn regelmäßig auf die Erfüllung dieser zu überprüfen.[20]

Unter bestimmten Voraussetzungen ist es möglich, mehrere Verträge eines Kunden zusammenzufassen, die zur selben Zeit oder mit geringfügigem Zeitabstand abgeschlossen wurden.[21]

Stufe 2: Die Identifizierung der eigenständigen Leistungsverpflichtungen

Die Waren oder Dienstleistungen, die ein Kunde laut Vertrag erhalten soll, müssen vom Unternehmen bei Abschluss des Vertrags untersucht werden. Dabei sollen einzelne Leistungsverpflichtungen, wie einzeln abgrenzbare Güter oder Dienstleistungen, ein einzeln abgrenzbares Bündel derer oder eine Reihe, im Wesentlichen gleicher, einzeln abgrenzbarer Güter oder Dienstleistungen identifiziert werden. Werden die einzelnen Bestandteile einer Reihe einzeln abgrenzbarer Güter oder Leistungen über einen Zeitraum auf den Kunden übertragen und wird der Leistungsfortschritt der einzelnen Bestandteile mit Hilfe der gleichen Methode berechnet, wird sie auf die gleiche Art und Weise auf den Kunden übertragen.[22]

Eine Ware oder eine Dienstleistung wird dann als eigenständig abgrenzbar definiert, wenn der Kunde einen Nutzen aus ihr ziehen kann und die Übertragung unabhängig

---

[19] Vgl. IFRS 15.10.
[20] Vgl. IFRS 15.11-14.
[21] Vgl. IFRS 15.17.
[22] Vgl. IFRS 15.22f.

von den restlichen Leistungsverpflichtungen erfolgen kann.[23] Im Folgenden werden einige Beispiele für einzeln abgrenzbare Waren oder Dienstleistungen genannt.

1. der Verkauf von selbst erstellten Gütern,
2. der Weiterverkauf von erworbenen Gütern,
3. die Zusage, Waren oder Dienstleistungen einem Kunden zur Verfügung zu stellen, die dieser jederzeit nutzen kann
4. oder die Erstellung oder Entwicklung eines Guts, nach den Wünschen eines Kunden.[24]

Ist es jedoch nicht möglich, zugesagte Waren oder Dienstleistungen eigenständig abzugrenzen, muss ein Unternehmen diese miteinander kombinieren, bis eigenständig abgrenzbare Bündel entstehen. Dies kann dazu führen, dass alle zugesagten Bestandteile eines Vertrages zu einer einzigen Leistungsverpflichtung zusammengeführt und gemeinsam bilanziert werden müssen.[25]

Als klassisches Beispiel sind sogenannte Mehrkomponentenverträge zu erwähnen, die in dem Anwendungskapitel in dem Beispiel der Stufe 4 exemplarisch dargestellt werden.

Stufe 3: Die Bestimmung des Transaktionspreises

Der Transaktionspreis ist definiert als die Gegenleistung, die ein Kunde einem Unternehmen für die übertragenen Güter oder Dienstleistungen voraussichtlich zahlen wird. Die Beträge der Gegenleistung können fest und/oder variabel sein.[26] Wenn der Preis, den der Kunde zahlt, keine variablen Bestandteile enthält, welche ein Unternehmen schätzen muss, entspricht der Transaktionspreis dem Entgelt, welches vertraglich vereinbart wurde. Anlass für eine Schätzung wären beispielsweise Rückgaberechte, Preisnachlässe oder Finanzierungsvereinbarungen.[27]

Enthält ein Vertrag variable Komponenten, ist es die Aufgabe eines Unternehmens die Gegenleistung, die es vom Kunden erhält, in ihrer Höhe zu schätzen.[28] Falls der

---

[23] Vgl. IFRS 15.27.
[24] Vgl. IFRS 15.26.
[25] Vgl. IFRS 15.30.
[26] Vgl. IFRS 15.47.
[27] Vgl. https://www.boeckler.de/pdf/mbf_ifrs_standards_ifrs15.pdf (abgerufen am 26.06.2017).
[28] Vgl. IFRS 15.50.

Anspruch eines Unternehmens auf Gegenleistung abhängig ist von zukünftigen Ereignissen, kann die Höhe der Gegenleistung ebenfalls variieren.[29]

Für die Schätzung einer variablen Gegenleistung hat ein Unternehmen die Wahl zwischen der Erwartungswertmethode und dem wahrscheinlichsten Betrag. Der Erwartungswert ist definiert als die Summe aus einer großen Anzahl möglicher wahrscheinlichkeitsgewichteter Beträge einer Gegenleistung. Dagegen bezeichnet der wahrscheinlichste Betrag den Betrag aus einer großen Anzahl möglicher Beträge, welcher die höchste Eintrittswahrscheinlichkeit besitzt. Ausschlaggebend hierbei ist die Verwendung aller hilfreichen Informationen, die einem Unternehmen zur Verfügung stehen, um eine große Anzahl wahrscheinlicher Gegenleistungen zu bestimmen sowie die durchgehende Anwendung der gewählten Methode auf den gesamten Vertrag.[30]

Allerdings dürfen geschätzte voraussichtliche Gegenleistungen nur dann vollständig oder zum Teil in den Transaktionspreis fließen, wenn eine Stornierung zu einer großen Wahrscheinlichkeit ausgeschlossen werden kann. Generell ist die Genauigkeit einer geschätzten variablen Gegenleistung jedoch begrenzt, da die Wahrscheinlichkeit sowie das Ausmaß der Stornierungen von mehreren Faktoren beeinflusst werden.[31] Aus diesem Grund müssen alle geschätzten Transaktionspreise regelmäßig aktualisiert werden.[32]

Hinsichtlich dem Vorliegen einer signifikanten Finanzierungskomponente, nicht zahlungswirksamer Gegenleistungen sowie an einen Kunden zu zahlende Gegenleistungen, gibt IFRS 15 zusätzliche Informationen, in denen diese Sachverhalte ausführlich erklärt werden.[33]

Schritt 4: Die Aufteilung des Transaktionspreises auf die Leistungsverpflichtungen

Die Stufe vier verfolgt das Ziel, den Transaktionspreis in der Höhe der entsprechenden Gegenleistung, die ein Unternehmen im Gegenzug voraussichtlich erhalten wird, auf die separaten Leistungsverpflichtungen eines Vertrags zu verteilen. Ausschlaggebend

---

[29] Vgl. IFRS 15.53.
[30] Vgl. IFRS 15.53f.
[31] Vgl. IFRS 15.56f.
[32] Vgl. IFRS 15.56.
[33] Vgl. IFRS 15.60f.

für die Aufteilung des Transaktionspreises sind die Einzelveräußerungspreise (EVP) der einzelnen Leistungsverpflichtungen. Preisnachlässe sowie Gegenleistungen, die variable Beträge beinhalten, sind hingegen nicht davon betroffen.[34] Zu Beginn eines Vertrags mit mehreren Leistungsverpflichtungen muss ein Unternehmen die EVPs der einzeln abgrenzbaren Waren oder Dienstleistungen, die einer Leistungsverpflichtung entsprechen, bestimmen. Der Transaktionspreis wird dann proportional auf die EVPs aufgeteilt. Der EVP ist definiert als der Preis, den ein Unternehmen erhalten kann, wenn der zugrundeliegende Vermögenswert separat veräußert wird. Ist es nicht möglich den EVP direkt am Markt zu beobachten, hat ein Unternehmen dessen Wert zu schätzen unter der Berücksichtigung aller relevanten Informationen, auf die es Zugriff hat. Hierzu stehen dem Unternehmen Methoden wie zum Beispiel der adjusted-market-assessment-Ansatz, der expected-cost-plus-a-margin-Ansatz oder der Residualwertansatz zur Verfügung.[35]

So kann sich ein Unternehmen an vergleichbaren Marktpreisen orientieren, welche beobachtbar sind, wie beispielsweise an den Preisen von Konkurrenten oder die Kosten schätzen, die es zur Leistungserstellung benötigt mit Hinzurechnen einer Gewinnmarge. Für den Fall, dass nur eine Komponente geschätzt werden muss, da die EVPs der restlichen bekannt sind, kann man diese beobachtbaren Werte von dem Gesamtkaufpreis abziehen. Der Wert des Restbetrags entspricht infolgedessen der zu schätzenden Komponente.[36]

Liegen mehrere sehr unsichere oder schwankende EVPs in einem Vertrag vor, kann es erforderlich sein, mehrere Methoden miteinander zu kombinieren.[37]

Bei der Verteilung von Preisnachlässen auf den Transaktionspreis ist zu beachten, dass nicht zwingend alle einzeln abgrenzbaren Leistungsverpflichtungen eines Vertrags von dem Nachlass betroffen sein müssen. Infolgedessen wird der Preisnachlass anteilig auf eine begrenzte Anzahl von Leistungsverpflichtungen aufgeteilt. Ein Preisnachlass besteht dann, wenn der Wert der aufaddierten EVPs eines Bündels von Vermögenswerten über dem der vertraglich vereinbarten Gegenleistung liegt.[38] Außerdem können variable Gegenleistungen den gesamten Vertrag oder nur einen bestimmen Vertragsbestandteil betreffen.[39] Durch geänderte

---

[34] Vgl. IFRS 15.73f.
[35] Vgl. IFRS 15.76-79.
[36] Vgl. https://www.boeckler.de/pdf/mbf_ifrs_standards_ifrs15.pdf (abgerufen am 26.06.2017).
[37] Vgl. IFRS 15.80.
[38] Vgl. IFRS 15.81.
[39] Vgl. IFRS 15.84.

Umstände oder das Eintreten unsicherer Ereignisse, kann es nach Vertragsschluss zu einer Änderung des Transaktionspreises kommen.[40] Ausführlichere Informationen zur Zuordnung von Preisnachlässen oder variabler Gegenleistungen sowie zu Änderungen des Transaktionspreises sind in dem Standard IFRS 15 ab Paragraph 81 zu finden.[41]

Schritt 5: Erlöserfassung bei Erfüllung der Leistungsverpflichtungen

Sobald ein Kunde die Verfügungsgewalt über einen Vermögenswert erhält, hat das Unternehmen die erhaltene Gegenleistung, das heißt den Erlös zu erfassen.[42]

Unter Verfügungsgewalt versteht man die Fähigkeit, die Nutzung eines Vermögenswertes zu bestimmen, sowie die Möglichkeit selber von seinem verbleibenden Nutzen zu profitieren. Dazu gehört auch die Fähigkeit andere Unternehmen von der Nutzung beziehungsweise der Bestimmung über den Nutzen eines Vermögenswertes auszuschließen. Der Nutzen ist definiert als die potentiellen Zahlungsströme, also Zuflüsse oder eingesparte Abflüsse, die ein Unternehmen mittelbar oder unmittelbar generieren kann.

Potentielle Zahlungsströme entstehen zum Beispiel durch:

1. die Nutzung eines Vermögenswertes zur Güterherstellung oder zur Dienstleistungserbringung,
2. die Nutzung eines Vermögenswertes zur Wertsteigerung eines anderen Vermögenswertes,
3. die Verwendung eines Vermögenswertes zur Schuldenbegleichungen oder Aufwendungsreduzierungen,
4. den Verkauf oder Tausch eines Vermögenswertes,
5. die Verpfändung eines Vermögenswertes zur Darlehensbesicherung
6. oder das Halten eines Vermögenswertes.[43]

Bei Vertragsschluss muss das Unternehmen bestimmen, ob die Leistungsverpflichtung über einen Zeitraum oder zu einem Zeitpunkt erfüllt wird.[44]

---

[40] Vgl. IFRS 15.87.
[41] Vgl. IFRS 15.81ff.
[42] Vgl. IFRS 15.31.
[43] Vgl. IFRS 15.33.
[44] Vgl. IFRS 15.32.

Zeitraumbezogene Leistungsverpflichtungen

Eine Leistungsverpflichtung erfolgt über einen bestimmten Zeitraum, wenn eine der drei folgenden Bedingungen erfüllt ist:

1. während die Leistung von dem Unternehmen erbracht wird, fließt sie dem Kunden zu, der sie gleichzeitig nutzen kann,

2. während das Unternehmen einen Vermögenswert verbessert oder erstellt, erlangt der Kunde die Verfügungsgewalt

3. oder das Unternehmen erstellt einen Vermögenswert, für den es keine alternative Nutzungsmöglichkeit gibt und das Unternehmen hat Anspruch auf Zahlung der Leistungen, die es bereits erbracht hat.[45]

Allerdings darf ein Unternehmen einen solchen zeitraumbezogenen Erlös nur dann erfassen, wenn es über alle erforderlichen Informationen verfügt, die benötigt werden, um den Fortschritt hinsichtlich der vollständigen Erfüllung einer Leistungsverpflichtung angemessen zu messen.[46]

Zeitpunktbezogene Leistungsverpflichtungen

Ist keine der drei Bedingungen erfüllt, erfolgt die Leistungsverpflichtung zu einem bestimmten Zeitpunkt. Folgende Indikatoren deuten darauf hin, dass die Verfügungsgewalt eines Vermögenswerts auf den Kunden übertragen worden ist:

1. der Kunde ist gegenwertig zur Zahlung des Vermögenswertes verpflichtet,

2. das Eigentumsrecht wurde auf den Kunden übertragen,

3. der Kunde ist physischer Besitzer des Vermögenswertes,

4. die Risiken und Chancen, die mit dem Eigentum des Vermögenswertes einhergehen, wurden auf den Kunden übertragen

5. oder der Vermögenswert wurde von dem Kunden abgenommen.[47]

Hinsichtlich der Leistungsverpflichtung, die über einen bestimmten Zeitraum erfüllt wird, ergibt sich die Frage, wie ein Unternehmen den Leistungsfortschritt beziehungsweise den Erlös im Verhältnis zur vollständigen Erfüllung bestimmen soll.

---

[45] Vgl. IFRS 15.35.
[46] Vgl. IFRS 15.44.
[47] Vgl. IFRS 15.38.

Zum Ende einer jeden Periode ist ein Unternehmen verpflichtet, den erzielten Fortschritt zu bestimmen. Für jede Leistungsverpflichtung muss dieselbe Methode über den gesamten Zeitraum angewendet werden. Bei ähnlichen Leistungsverpflichtungen oder Umständen, muss jeweils eine Methode für alle ähnlichen Fälle gewählt werden.[48]

Zur Bestimmung des Fortschritts eignen sich outputbasierte und inputbasierte Methoden. Es werden alle Waren und Dienstleistungen einbezogen, deren Verfügungsgewalt zum Erfüllungszeitpunkt auf einen Kunden übertragen werden.[49]

Vor allem in den ersten Phasen eines Vertrags kann es schwierig sein, den Erlös für bereits erbrachte Leistungen zu ermitteln. Ist es nicht möglich, ein verlässliches Ergebnis zu ermitteln, dürfen die Erlöse nur in Höhe der Kosten ausgewiesen werden, die in einem Zeitraum angefallen sind, für den sie zuverlässig ermittelt werden können.[50]

5. Vertragskosten und Vertragsänderungen

Es können sowohl bei der Anbahnung als auch bei der Erfüllung eines Vertrags zusätzliche Kosten entstehen. Fallen diese bei Anbahnung an, werden sie als Vermögenswert aktiviert, vorausgesetzt sie sind durch den Vertragsabschluss angefallen und das Unternehmen erwartet diese Kosten zu einem späteren Zeitpunkt zurückzuerlangen.[51] Kosten, die dagegen auch ohne Abschließen des Vertrags zu dessen Anbahnung entstanden wären, werden als Aufwand erfasst, außer sie fallen zu Lasten des Kunden.[52] Aus praktischen Gründen kann ein Unternehmen jedoch zusätzliche Kosten, welche bei der Erlangung eines Vertrags entstehen, als Aufwand verbuchen, sofern die Abschreibungsdauer nicht mehr als zwölf Monate beträgt.[53]

Zusätzliche Kosten, die bei der Erfüllung eines Vertrags entstehen, fallen gegebenenfalls in einen anderen Standard, wie zum Beispiel in IAS 2 *Vorräte*, IAS 16 *Sachanlagen* oder IAS 38 *Immaterielle Vermögenswerte*. Ist dies jedoch nicht der Fall,

---

[48] Vgl. IFRS 15.39f.
[49] Vgl. IFRS 15.41f.
[50] Vgl. IFRS 15.45.
[51] Vgl. IFRS 15.91f.
[52] Vgl. IFRS 15.93.
[53] Vgl. IFRS 15.94.

darf ein Unternehmen sie nur bei der Erfüllung aller nachstehenden Kriterien als Vermögenswert aktivieren:

1. die Kosten beziehen sich unmittelbar auf einen Vertrag, der bereits besteht oder erwartet wird,

2. durch das Anfallen der Kosten werden neue Ressourcen für ein Unternehmen geschaffen oder bereits vorhandene verbessert, die in Zukunft genutzt werden können

3. oder ein zukünftiger Kostenausgleich wird erwartet.[54]

Hierzu zählen beispielsweise Kosten wie Lohn- und Gehaltskosten von Mitarbeitern, die ausschließlich im Zusammenhang mit einer zu erbringenden Dienstleistung für einen Kunden entstehen sowie Materialeinzelkosten, zugerechnete Gemeinkosten und sonstige Kosten, welche nur aufgrund des Vertrages angefallen sind.[55]

Als Aufwand sind hingegen Kosten zu erfassen, die nicht in direkter Verbindung mit dem Vertrag stehen, wie unter anderem allgemeine Verwaltungskosten, Kosten die keine Berücksichtigung im Vertrag finden, wie zum Beispiel solche, die für Materialabfälle anfallen oder Kosten, die im Zusammenhang mit Leistungen entstanden sind, welche bereits erbracht wurden.[56]

Zu beachten ist, dass gegebenenfalls Abschreibungen oder Wertminderungen vorgenommen werden müssen. So sind Kosten, die nach den Paragraphen 91 oder 95 von IFRS 15 aktiviert wurden planmäßig abzuschreiben, abhängig von der Art und Weise wie Vermögenswerte übertragen werden.[57]

Falls es zu einer bedeutenden Änderung des zeitlichen Ablaufs einer Übertragung solcher Vermögenswerte kommt, ist das Unternehmen verpflichtet die Abschreibung anzupassen und die Änderung gemäß IAS 8 zu bilanzieren.[58]

Ein erfolgswirksamer Wertminderungsaufwand ergibt sich, gesetzt den Fall, dass der Buchwert der zuvor erwähnten aktivierten Kosten den verbleibenden, erwarteten Anteil der Gegenleistung, gemindert um die Kosten, die mit der Lieferung oder Leistungserbringung der Vermögenswerte anfallen übersteigt.[59]

---

[54] Vgl. IFRS 15.95.
[55] Vgl. IFRS 15.97.
[56] Vgl. IFRS 15.98.
[57] Vgl. IFRS 15.99.
[58] Vgl. IFRS 15.100.
[59] Vgl. IFRS 15.101.

Ändert sich mit Zustimmung aller Parteien der Umfang oder der Preis eines Vertrags, liegt eine Vertragsänderung vor, durch die neue Rechte und Verpflichtungen entstehen oder sich die ursprünglich vereinbarten verändern. Ein zusätzlicher neuer Vertrag ist zu erfassen, wenn weitere Waren oder Dienstleistungen, die einzeln abgrenzbar sind, hinzukommen, deren Preise ihren jeweiligen EVPs entsprechen. Entsprechen die Preise jedoch nicht deren EVPs und sind die Waren oder Dienstleistungen, die noch ausstehen, von den bereits übertragenen abgrenzbar, wird der alte Vertrag beendet und ein neuer abgeschlossen. Sind sie allerdings nicht einzeln abgrenzbar, wird der zugrundeliegende Vertrag geändert, indem der Erlös angepasst, das heißt erhöht oder verringert wird.[60]

6. Ausweis von Verträgen mit Kunden in der Bilanz

Sobald eine der Vertragsparteien, entweder das Unternehmen oder der Kunde, die vertraglich vereinbarte Pflicht erfüllt hat, hat das Unternehmen dies in der Bilanz auszuweisen. Hat ein Unternehmen die Leistung erbracht, geht der Vertrag als Vertragsvermögenswert in die Bilanz ein. Bezahlt dagegen der Kunde die Leistung, ist eine Vertragsverbindlichkeit in der Bilanz auszuweisen. Außerdem hat ein Unternehmen eine Forderung auszuweisen, wenn es einen unbedingten Anspruch auf den Erhalt einer Gegenleistung hat.[61]

Daraus resultierend ergeben sich drei Möglichkeiten des Ausweises von Verträgen mit Kunden in der Bilanz:

1. als passiver Vertragsposten,
2. als aktiver Vertragsposten
3. oder als Forderung aus Lieferungen und Leistungen.

Ein passiver Vertragsposten liegt vor, wenn ein Kunde vor Übertragung eines Vermögenswertes eine Gegenleistung bezahlt oder das Unternehmen einen Anspruch, das heißt eine Forderung auf eine Gegenleistung hat, bevor ein Kunde diese erhält. Demzufolge ist eine Vertragsverbindlichkeit in der Bilanz auszuweisen, sobald eine Zahlung geleistet ist oder fällig wird. Entsteht eine Vertragsverbindlichkeit, ist ein Unternehmen verpflichtet, dem Kunden einen Vermögenswert zu übertragen.[62]

---

[60] Vgl. IFRS 15.18-21.
[61] Vgl. IFRS 15.105.
[62] Vgl. IFRS 15.106.

Ein aktiver Vertragsposten liegt vor, wenn ein Unternehmen seine Pflicht erfüllt, also den Vermögenswert auf einen Kunden übertragen hat, dieser jedoch noch keine Gegenleistung bezahlt hat oder diese noch nicht fällig ist. Demzufolge wird der Vertrag als Vertragsvermögenswert angesetzt und das Unternehmen hat Anspruch auf eine Gegenleistung.[63]

Eine Forderung aus Lieferungen und Leistungen hingegen entspricht dem unbedingten Anspruch des Unternehmens auf den Erhalt einer Gegenleistung, deren Fälligkeit durch den Ablauf der Zeit automatisch eintritt.[64] Ein Unternehmen hat Anspruch auf eine Gegenleistung, wenn es seinen Teil der Pflicht bereits geleistet hat oder es Anspruch auf die Vorauszahlung eines Kunden hat.[65]

7. Angaben im Anhang

Ein Unternehmen hat die Angabevorschriften zu erfüllen, damit die Abschlussadressaten ausreichend Informationen und ein realistisches Bild bezüglich der Art, der Höhe, des Zeitpunkts und der Unsicherheiten von Erlösen sowie Zahlungsströmen aller Verträge, die mit Kunden geschlossen wurden erlangen können.

Es sind qualitative und quantitative Angaben zu veröffentlichen:
1. zu sämtlichen Verträgen, die mit Kunden geschlossen wurden,
2. zu allen entscheidenden Ermessensgrundlagen sowie zu deren Änderungen, die aus der Anwendung des Standards resultieren
3. und zu allen Kosten, die nach den Paragraphen 91 oder 95 von IFRS 15 aktiviert wurden und durch Anbahnung oder Erfüllung eines Kundenvertrags entstanden sind.[66]

Weiter hat ein Unternehmen zu prüfen, welchen Stellenwert einzelne Anforderungen haben und welcher Detaillierungsgrad erforderlich ist, um dem Ziel der Angabevorschriften gerecht zu werden. Damit nützliche Informationen nicht

---

[63] Vgl. IFRS 15.107.
[64] Vgl. IFRS 15.108.
[65] Vgl. https://www.boeckler.de/pdf/mbf_ifrs_standards_ifrs15.pdf (abgerufen am 26.06.2017).
[66] Vgl. IFRS 15.109.

verschleiert werden, haben die Angaben in zusammengefasster oder gebündelter Form zu erfolgen.[67]

Hat ein Unternehmen Informationen, welche in den Angaben von IFRS 15 bereitgestellt werden sollen, bereits in einem anderen Standard veröffentlicht, müssen diese nicht wiederholt vorgelegt werden.[68]

Folgende Beträge hat ein Unternehmen anzugeben, es sei denn, diese werden gesondert im Gesamtergebnis gemäß einem anderen Standard ausgewiesen:

1. Erlöse aus Kundenverträgen, welche getrennt von den sonstigen Erlösquellen eines Unternehmens angegeben werden müssen

2. Und Wertminderungsaufwendungen auf Forderungen und Vertragsvermögenswerten aus Kundenverträgen, die getrennt von Wertminderungsaufwendungen anderer Verträge ausgewiesen werden müssen.[69]

Erfasste Erlöse hat ein Unternehmen in verschiedene Kategorien aufzugliedern, unter Berücksichtigung wirtschaftlichen Einflussfaktoren wie die Art, die Höhe, den Zeitpunkt sowie Unsicherheiten von Zahlungsströmen und Erlösen.[70] Es sind außerdem weitere Angaben und Erläuterungen beispielsweise hinsichtlich der Salden oder signifikanten Änderungen zu machen.[71] Weiter enthält der Standard Angaben, die ein Unternehmen über die einzelnen Leistungsverpflichtungen sowie zu den verbleibenden zu machen hat. Es wird ausgeführt, welche Angaben bezüglich signifikanter Ermessensentscheidungen, des Zeitraums oder Zeitpunkts, der Bestimmung des Transaktionspreises und aktivierter Kosten, die durch Anbahnung oder Erfüllung eines Vertrags entstehen, zu machen sind.[72]

Der Anhang von IFRS 15 gliedert sich in vier Teile, Anhänge A bis D. Anhang A beinhaltet wichtige Definitionen, welche zum Verständnis der erläuterten Paragraphen dienen. Anhang B beschreibt, wie die Paragraphen 1-129 angewendet werden sollen, um eine korrekte Umsetzung von IFRS 15 in der Praxis sicherzustellen.

---

[67] Vgl. IFRS 15.111.
[68] Vgl. IFRS 15.112.
[69] Vgl. IFRS 15.113.
[70] Vgl. IFRS 15.114.
[71] Vgl. IFRS 15.116-118.
[72] Vgl. IFRS 15.119ff.

8. Anwendungsbeispiele

Nachfolgend werden Beispiele aus der Praxis aufgeführt, die zu einem besseren Verständnis des fünfstufigen Rahmenmodells und der Erlöserfassung in der Bilanz führen sollen.

Beispiel zu Stufe 1: Identifizierung des Vertrags

Wie bereits in der Theorie erläutert, gibt es fünf Kriterien, die erfüllt sein müssen, damit ein Vertrag mit einem Kunden, der unter den Standard IFRS 15 fällt, in der Bilanz aufgeführt werden darf.

Die Use-It GmbH gewährt seinem treuen Stammkunden Olaf Ohnesorg eine Lizenz für die Nutzung einer Software, die sich über vier Jahre erstreckt. Herr Ohnesorg ist seit mehr als zehn Jahren hoch angesehener Kunde, der seinen Zahlungsverpflichtungen in der Vergangenheit stets nachkam.

Da in den ersten beiden Jahren der Vertragslaufzeit alle der fünf erforderlichen Kriterien erfüllt sind, kann die Use-It GmbH die Lizenzgebühren als Erlöse erfassen.

Im dritten Jahr gerät der treue Stammkunde Herr Olaf Ohnesorg in eine finanzielle Krise und ist nicht mehr in der Lage, den vollen Betrag für die Nutzung der Software zu leisten. Er kann lediglich die Hälfte der Gebühren aufbringen und an die Use-It GmbH zahlen. Diese erfasst jedoch den gesamten Betrag, dem der Kunde nachkommen müsste als Erlös. Zudem verbucht es eine Wertminderung in der Höhe der noch ausstehenden Forderung, die demzufolge 50% der jährlichen Nutzungslizenz beträgt.

Im vierten Jahr spitzt sich die finanzielle Notlage des Herrn Olaf Ohnesorg zu und er ist nicht mehr in der Lage seiner Zahlungspflicht nachzukommen. Es kommt zum Zahlungsausfall. Da die Use-It GmbH davon ausgeht, dass Herr Ohnesorg nicht mehr zahlungsfähig ist, sind damit nicht mehr alle fünf Kriterien erfüllt. Somit ist die Anwendung von IFRS 15 ausschlossen. Das bedeutet, dass das Unternehmen in der Zukunft keine Erlöse erfassen darf, wenn eine Zahlung fällig wird, sondern erst dann, wenn Herr Ohnesorg seine finanziellen Sorgen hinter sich gelassen hat und einer Zahlung nachkommt.[73]

---

[73] Beispiel mit Anlehnung an:
https://www.boeckler.de/pdf/mbf_ifrs_standards_ifrs15.pdf (abgerufen am 26.06.2017).

Beispiel zu Stufe 2: Die Identifizierung der eigenständigen Leistungsverpflichtungen

Die Luftschiff GmbH, ein Anbieter luxuriöser Kreuzfahrten im Mittelmeer und der Karibik, hat ein Bauunternehmen namens Trauminsel GmbH mit dem Bau eines neuen, hochwertigen Kreuzfahrtschiffs beauftragt.

Es ist möglich die Leistungsvereinbarungen in verschiedene einzelne Leistungen zu unterteilen, wie zum Beispiel Rohbau, Fenster, Dach und Türen. Da die Luftschiff GmbH diese Leistungen jedoch nicht eigenständig nutzen kann, hat sie den Wunsch jegliche Leistungen zu einer einzelnen Gesamtleistung zusammenzufassen. Diesem Wunsch kommt das Bauunternehmen nach und bündelt die einzelnen Leistungen, wodurch letztendlich lediglich eine einzige Leistungsverpflichtung vorliegt.[74]

Beispiel zu Stufe 3: Die Bestimmung des Transaktionspreises

Wie im Theorieteil bereits dargelegt, ist der Transaktionspreis die Gegenleistung, die ein Unternehmen von einem Kunden für ein Produkt oder eine Dienstleistung erhält. Diese kann fest und/oder variabel sein.

Die Build-It GmbH, die Waren produziert, hat die Vertriebsgesellschaft namens Trust-Us mit dem Verkauf der hergestellten Waren beauftragt. Zur eigenen Sicherheit hat die Vertriebsgesellschaft das Recht, Waren zurückzugeben, die sie nicht verkaufen kann. Dieses Rückgaberecht zählt zu den variablen Kaufpreiskomponenten. Aufgrund dessen, dass man nicht zuverlässig vorhersehen kann, wie viele Waren die Bulid-It GmbH zurücknehmen muss, ist dieser Anteil zu schätzen.

Da die Build-It GmbH jedoch bereits bei der Belieferung der Vertriebsgesellschaft die Erlöse zu erfassen hat, muss der geschätzte Anteil der Waren, die wahrscheinlich zurückgegeben werden, von den Umsatzerlösen abgezogen werden.[75]

---

[74] Beispiel mit Anlehnung an: https://www.boeckler.de/pdf/mbf_ifrs_standards_ifrs15.pdf (abgerufen am 26.06.2017).
[75] Vgl. ebenda.

Beispiel zu Stufe 4: Die Aufteilung des Transaktionspreises auf die Leistungsverpflichtungen

Wie in der Theorie bereits aufzeigt wurde, sind die EVPs der einzelnen Leistungsverpflichtungen maßgeblich für die Aufteilung des Transaktionspreises. In der Praxis kommt es vor allem bei der Erlöserfassung von sogenannten Mehrkomponentenverträgen zu Problemen, da es notwendig ist, den Wert der einzelnen Komponenten eines solchen Vertrags zu erfassen. Da zum einen der Handyvertrag von Herr Olaf Ohnesorg ausläuft und zum anderen die Fotokamera seines Handys nicht mehr funktioniert, hat er beschlossen einen neuen Vertrag über 24 Monate abzuschließen, zu dem er zusätzlich ein Handy für eine einmalige Zuzahlung erhält. Den Vertrag schließt er mit der MyBestPhone GmbH. Er ist verpflichtet am Monatsende eine monatliche Gebühr von 30€ zu zahlen und erhält im Gegenzug eine Telefon- und Internetflatrate. Für das Smartphone zahlt er einen einmaligen Preis von 10€. Der EVP (fair value) des Handys beträgt allerdings 300€. In einem ersten Schritt gilt es, die beiden EVPs der Dienstleistung Telefon und Internet sowie der Ware Smartphone zu bestimmen:

EVP Dienstleistung: 24 Monate * 30€ = 720€
EVP Smartphone: 300€
Summe: 720€ + 300€ = **1020€**

Da Herr Ohnesorg jedoch nicht die Summe der EVPs von 1020€ bezahlt, sondern lediglich 730€ (720€ Dienstleistung + 10€ Smartphone), ist es notwendig die relativen EVPs der beiden Vermögenswerte beziehungsweise deren Anteil als Prozentsatz zu berechnen:

Gesamtanteil: 1020€ = 100%
Relativer Anteil Dienstleistung: 720€ = 71%
Relativer Anteil Smartphone: 300€ = 29%

Da der Kunde jedoch wie bereits erwähnt nicht 1020€, sondern nur 730€ zahlt, ist dieser Betrag als Gesamtanteil von 100% zu betrachten und infolgedessen der tatsächliche Anteil für die Umsatzrealisierung zu berechnen, der in der Bilanz ausgewiesen werden soll.

Beträge für die Umsatzrealisierung:

Gesamtteil: **730€** = 100%

Anteil Dienstleistung: 518€ = 71%

Anteil Smartphone: **212€** = 29%

Daraus folgt, dass bei Vertragsabschluss für das Smartphone 212€ bilanziert und als Umsatz realisiert werden, obwohl der Kunde nur 10€ bezahlt. Nun gilt es den Betrag von 518€ für die Dienstleistung auf die 2 Jahre beziehungsweise 24 Monate zu berechnen:

Anteil Dienstleistung: 518€ / 24 Monate = **21,58€**

Dies bedeutet, dass der Kunde zwar 30€ pro Monat bezahlt, in der Bilanz jedoch nur 21,58€ realisiert werden.[76]

Beispiel zu Stufe 5: Erlöserfassung bei Erfüllung der Leistungsverpflichtungen

Wie zuvor in der Theorie erläutert, hat ein Unternehmen einen Erlös zu erfassen, sobald eine der Vertragsparteien, also das Unternehmen oder der Kunde, der vertraglichen Pflicht nachkommt.

Die BetterMachines GmbH erstellt sondergefertigte landtechnische Maschinen, welche auf die Wünsche und die betrieblichen Bedingungen der Kunden zugeschnitten werden. So erhält das Unternehmen einen Auftrag von der WeSowCorn GmbH für die Erstellung einer speziellen Maschine die 6 Millionen Euro kosten soll. Das Projekt ist angelegt auf eine Dauer von zwei Jahren. Zahlungen erfolgen in Abhängigkeit des Projektfortschritts beziehungsweise Fertigstellungsgrads. Demzufolge ist der Umsatz und die Gewinnmarge der BetterMachines GmbH zeitraumbezogen.

Hat das Unternehmen nach einem Jahr 50% der Leistung fertiggestellt, erhält es Umsatzerlöse von 3 Millionen Euro. Beträgt der Fertigstellungsgrad nach einem Jahr

---

[76] Beispiel mit Anlehnung an: https://www.boeckler.de/pdf/mbf_ifrs_standards_ifrs15.pdf (abgerufen am 26.06.2017).

jedoch mehr oder weniger als 50%, hat das Unternehmen die Umsatzerlöse anzupassen. So erhält es nach einem Jahr zum Beispiel Umsatzerlöse in Höhe von 4,5 Millionen Euro, wenn es bereits 75% der Leistung erbracht hat.[77]

9. Fazit

In der vorliegenden Ausarbeitung wurde der Standard IFRS 15 *Erlöse aus Verträgen mit Kunden* untersucht. Zu Beginn wurden die Entstehungsgeschichte sowie die Ziele, die mit dem Standard verfolgt werden, dargestellt. Daraufhin wurde der Anwendungsbereich von IFRS 15 abgegrenzt und die wesentlichen Inhalte des fünfstufigen Rahmenmodells, ausführlich erläutert. Dabei wurde auf jede einzelne Stufe eingegangen und beschrieben, wie ein Unternehmen bei diesen fünf Schritten der Umsatzrealisation vorzugehen hat. In Folge dessen wurden Vertragskosten betrachtet, welche sowohl bei der Anbahnung als auch bei der Erfüllung von Verträgen entstehen können. Weiter wurden die drei Möglichkeiten geschildert, nach denen Verträge mit Kunden in der Bilanz eines Unternehmens ausgewiesen werden können. Schlussendlich wurden die Angabevorschriften dargelegt, welche ein Unternehmen erfüllen muss, um ein realistisches Bild bezüglich der Art, der Höhe, des Zeitpunkts und der Unsicherheiten von Erlösen sowie Zahlungsströmen zu schaffen.

Aus der Ausarbeitung geht klar hervor, dass IFRS 15 ursprünglich darauf abzielte, für mehr Klarheit und Vergleichbarkeit bei der Realisierung von Umsätzen zu sorgen jedoch zu Unverständnis und Widerstand seitens einiger Unternehmen führte.
So wurde deutlich, dass insbesondere Unternehmen, die in der Branche der Telekommunikation oder Softwareentwicklung tätig sind, enorme Probleme in der Bewältigung des Aufwands sahen, der mit der Einführung des Standards verbunden war.[78]
Den steigenden Aufwand der Telekommunikationsbranche verdeutlicht vor allem das Anwendungsbeispiel zu Stufe 4, welches die erforderliche Aufteilung des Transaktionspreises auf die einzelnen Leistungsverpflichtungen solcher Mehrkomponenten veranschaulicht. So zeigt sich, dass sich der Aufwand tatsächlich

---

[77] Beispiel mit Anlehnung an: https://www.boeckler.de/pdf/mbf_ifrs_standards_ifrs15.pdf (abgerufen am 26.06.2017).
[78] Vgl. http://www.finance-magazin.de/bilanzierung-controlling/bilanzierung/deutsche-telekom-ifrs-15-kostet-uns-millionen-1307781/ (abgerufen am 26.06.2017)

vergrößert, zur selben Zeit jedoch auch eine bessere Übersicht über die tatsächlichen Erlöse der einzelnen Perioden geschaffen wird. Dies wiederum führt auch zur Erfüllung des ursprünglichen Ziels, ein deutlicheres Bild für die Abschlussadressaten darzulegen.

Seitens der betroffenen Unternehmen war jedoch einiges an Kreativität gefordert um Lösungsmöglichkeiten für die entstandenen Schwierigkeiten zu finden. Als Vorreiter für Unternehmen der Telekommunikationsbranche gilt die Deutsche Telekom mit dem Portfolio-Ansatz.[79]

---

[79] Vgl. http://www.finance-magazin.de/bilanzierung-controlling/bilanzierung/deutsche-telekom-ifrs-15-kostet-uns-millionen-1307781/ (abgerufen am 26.06.2017)

Gesetzesverzeichnis

Amtsblatt der europäischen Region, International Financial Reporting Standard 15: Verordnung (EU) 2016/1905 DER KOMMISSION, Brüssel, 2016. (http://eur-lex.europa.eu/legal content/DE/TXT/HTML/?uri=CELEX:32016R1905&from=FR) (abgerufen am 26.06.2017).

Literaturverzeichnis

Hans Böckler Stiftung (2017) *IFRS 15: Erlöse aus Verträgen mit Kunden.* https://www.boeckler.de/pdf/mbf_ifrs_standards_ifrs15.pdf (abgerufen am 26.06.2017).

IAS plus (2017) *IFRS 15: Erlöse aus Verträgen mit Kunden.* https://www.iasplus.com/de/standards/ifrs/ifrs15, (abgerufen am 26.06.2017).

Julia Becker (2014) *Deutsche Telekom: IFRS 15 kostet uns Milliarden.* http://www.finance-magazin.de/bilanzierung-controlling/bilanzierung/deutsche-telekom-ifrs-15-kostet-uns-millionen-1307781/ (abgerufen am 26.06.2017).